Animales asombrosos

Monos araña

Valor posicional

Logan Avery

Asesora

Colene Van Brunt
Educadora de matemáticas
Escuelas Públicas del Condado de Hillsborough

Créditos de publicación

Rachelle Cracchiolo, M.S.Ed., *Editora comercial*
Conni Medina, M.A.Ed., *Redactora jefa*
Dona Herweck Rice, *Realizadora de la serie*
Emily R. Smith, M.A.Ed., *Realizadora de la serie*
Diana Kenney, M.A.Ed., NBCT, *Directora de contenido*
June Kikuchi, *Directora de contenido*
Caroline Gasca, M.S.Ed., *Editora superior*
Susan Daddis, M.A.Ed., *Editora*
Karen Malaska, M.Ed., *Editora*
Sam Morales, M.A., *Editor asociado*
Kevin Panter, *Diseñador gráfico superior*
Jill Malcolm, *Diseñadora gráfica básica*

Créditos de imágenes: pág.11 Lelia Valduga/Getty Images; todas las demás imágenes provienen de iStock y/o Shutterstock.

Library of Congress Cataloging-in-Publication Data

Names: Avery, Logan, author.
Title: Monos ara?na : valor posicional / Logan Avery.
Other titles: Spider monkeys. Spanish
Description: Huntington Beach, CA : Teacher Created Materials, 2019. | Series: Animales asombrosos | Includes index. | Audience: K to grade 3. | Identifiers: LCCN 2018055510 (print) | LCCN 2019000595 (ebook) | ISBN 9781425830045 (eBook) | ISBN 9781425828400 | ISBN 9781425828400¬q(pbk.)
Subjects: LCSH: Spider monkeys--Juvenile literature.
Classification: LCC QL737.P915 (ebook) | LCC QL737.P915 A9418 2019 (print) | DDC 599.8/58--dc23
LC record available at https://lccn.loc.gov/2018055510

Teacher Created Materials
5301 Oceanus Drive
Huntington Beach, CA 92649-1030
www.tcmpub.com

ISBN 978-1-4258-2840-0

Printed in Malaysia
Thumbprints.23398

Contenido

Monadas

¿Es una araña? ¿Es un mono? ¡Es un mono araña!

Los monos araña son de
diferentes colores y tamaños.

Los monos araña tienen piernas largas y delgadas. Les gusta colgarse cabeza abajo. Esto hace que parezcan arañas. De ahí obtuvieron su nombre.

Pero estos monos no son arañas. ¡De hecho, comen arañas! También comen mucha fruta y partes de plantas.

Este mono araña mastica un trozo de hierba.

¡HAGAMOS MATEMÁTICAS!

Un mono araña come 30 semillas. Usa pajillas para representar las semillas. Forma conjuntos de 10.

1. ¿Cuántos conjuntos de diez hay?

2. ¿Cuántas unidades sobran?

Este mono araña come fruta.

Manos y colas

Los monos araña tienen manos con forma de **gancho**. Los ayudan a **agarrar** las ramas y **balancear** su cuerpo por los árboles.

Un mono araña no tiene pulgares.

Un mono araña joven usa la cola para colgarse de un árbol.

Estos pequeños monos pueden usar sus colas para agarrarse y balancearse. Las colas funcionan como manos.

¡HAGAMOS MATEMÁTICAS!

Hay 50 monos araña colgando por ahí. Usa pajillas para representar las colas. Forma conjuntos de 10. Escribe cuántas decenas se forman y cuántas unidades quedan en la tabla de valor posicional.

Decenas	Unidades

Los monos araña pueden correr, **trepar** y balancearse muy rápido. Se mueven mucho más rápido que las personas.

Este mono araña puede colgarse y comer fruta al mismo tiempo.

Este mono araña usa su cola para mantener el equilibrio.

Monerías

Los monos araña viven en grupos grandes. Se abrazan con sus **extremidades**.

Tres monos araña se sientan juntos en un árbol.

Una familia busca alimento.

¡HAGAMOS MATEMÁTICAS!

Una **tropa** de 60 monos araña marrones se balancea por los árboles. Una tropa de 40 monos araña de manos negras toma una siesta a la sombra. Una tropa de 70 monos araña de vientre amarillo come arañas. Usa <, > o = para comparar las tropas.

1. 60 ______ 40

2. 40 ______ 70

3. 70 ______ 60

Los monos araña viven en los árboles. Pasan poco tiempo en el suelo.

¡Tal vez las copas de los árboles sean los mejores lugares para **hacer monerías**!

Resolución de problemas

Imagina que ves monos araña en la selva. Descubre cuántos monos araña hay de cada tipo. Luego, compara las cantidades con palabras y símbolos.

1. La cantidad de monos araña ______ es mayor que la cantidad de monos araña ______.

   ______ > ______

2. La cantidad de monos araña ______ es menor que la cantidad de monos araña ______.

   ______ < ______

Tipo de mono araña	Descripción	Cantidad
marrón	7 decenas, 0 unidades	____
de vientre amarillo	___ decenas, ___ unidades	20
de manos negras	___ decenas, ___ unidades	50

Glosario

agarrar: tomar con la mano rápidamente y sostenerse

balancear: ir hacia delante y hacia atrás colgado de algo

extremidades: brazos, piernas y colas

gancho: una herramienta curvada y que se usa para atrapar o sostener cosas

hacer monerías: jugar haciendo acciones graciosas

trepar: usar las manos y los pies para moverse hacia arriba o hacia abajo sobre un objeto grande

tropa: un grupo de monos

Índice

Soluciones

¡Hagamos matemáticas!

página 9:

1. 3
2. 0

página 13:

Decenas	Unidades
5	0

página 17:

3. >
4. <
5. >

Resolución de problemas

marrón: 70;
de vientre amarillo: 2, 0;
de manos negras: 5, 0

1. Las respuestas variarán.

   Ejemplo: marrón, de vientre amarillo;
   $70 > 20$

2. Las respuestas variarán.

   Ejemplo: de vientre amarillo, de manos negras;
   $20 < 50$